FACULTÉ DE DROIT DE TOULOUSE.

THÈSE

POUR

LE DOCTORAT.

L'acte public sur les matières ci-après sera soutenu le vendredi, 8 janvier 1847,

Par M. Théodore-Auguste BERMOND,

Né à Valence (Tarn).

Toulouse,
IMPRIMERIE DE J.-M. PINEL,
RUE DU POIDS-DE-L'HUILE, 2.

1847.

A M. CALMON,

CONSEILLER-D'ÉTAT,

DIRECTEUR-GÉNÉRAL DE L'ENREGISTREMENT ET DES DOMAINES;

Hommage de vénération bien sentie, et du respect le plus profond.

JUS ROMANUM.

DIG., LIB. 23, TIT. 3.

De jure dotium.

DIG., LIB. 24, TIT. 3.

Soluto matrimonio dos quemadmodum petatur.

PARS PRIMA.

De jure dotium.

In primis contractum dotis definire decet ; qui verò definiendus est : contractus quo mulier., vel quivis alius pro eâ, viro ad sustinenda onera matrimonii aliquid dat promittitve, quod vir, soluto matrimonio restituturus est.

Et nunc sic dividatur materia tractanda : 1° quotuplex sit dos ; 2° de constitutione dotis ; 3° de jure quod ex dotis constitutione marito competit ; 4° de bonis paraphernis.

CAPUT PRIMUM.

Quotuplex sit dos.

Alia dos est profectitia., alia autem est adventitia.

I. Profectitia dos est quæ à patre vel parente profecta est, quam pater parens-ve ex bonis suis dedit. Parentes hìc intelliguntur per virilem sexum ascendentes., nec tantùm naturales.

Dos profectitia agnoscitur quæ à patre vel parente constituitur de bonis, vel facto ejus. Interdùm tamen facto patris locupletatur ma-

1

ritus, et nulla à patre dos videtur profecta. Hoc evenit quum mulieris pater., dotis constituendæ causâ deserit hæreditatem quæ ideò ad maritum hæredem substitutun pervenit, et etiam quum in hoc legatum pater repudiat ut apud maritum hæredem remaneat. Nihil patris profectum est de bonis, quia nihil è suo erogavit pater, sed non adquisivit.

Quoties à patre dos solvitur non credendum dotem semper esse profectitiam. Interest enim utrum dotem quasi pater solverit an non. Quoties quasi pater, profectitia dos est : quoties verò non quasi pater, sed quasi alius procurator, vel quasi promissoris fidejussor, non est dos profectitia, et id verum est, quamvis à reo id quod solvit servare non possit.

Quum pecunia patri donata est eâ conditione, ut hanc pro filiâ daret, dos non est profectitia. Non enim ex suâ voluntate dedit pater.

II. Adventitia dos est quæ profectitia non est. Dos igitur quam mulier ipsa, vel extraneus constituit, adventitia est. Extraneum hìc accipe quemvis citrà parentem per virilem sexum ascendentem.

CAPUT SECUNDUM.

De constitutione dotis.

Videndum est 1° quis dotem constituat et quæ res in dotem possint constitui; 2° quando dos constitui possit; 3° quibus dotis causâ aliquid dari possit.

§ I. *Quis dotem constituat et quæ res in dotem possint constitui.* — Aut ipsa mulier sibi dotem constituit, aut pater ejus, aut quivis alius.

Dotem sibi mulier constituere potest; nec ullum in hoc dubium est. At jure antiquo non poterat, cujuscumque ætatis esset, nisi tutore auctore. Nunc verùm, mulieri tantùm in minori ætate constitutæ tutoris actoritate opus est, ad dotem viro dandam vel promittendam.

Plerumque dotem pater dat promittit-ve, et, dotem constituendo, officium legibus impositum exequitur. Hinc credendum est patrem filiæ emancipatæ curatorem, qui dotis constituendæ causâ aliquid dedit, dedisse videri quasi patrem, potiùs quàm quasi curatorem.

Quilibet cœterùm dotem constituere potest. Quin dotem pro filiâ mater dare possit non dubito. Sed de dote constituendâ nequaquàm mater cogitur, nec aliquid de bonis ejus constitui potest invitâ eâ.

Quæcumque res., nec tantùm ergo corpora, sed etiam res incorporales, in dotem constitui possunt. Quum duæ vel plures res in dotem alternativè datæ sunt, erit interpretatio voluntatis ejus qui dotem constituit. Non solùm res singulares, sed etiam universa bona, rectè in dotem constituuntur; nec plus erit in constitutione universorum bonorum quàm quod supererit deducto ære alieno. Mulier autem in dotem universa bona dare non potest, nec licentia erit dotem constituendi ultrà modum fortunæ et dignitatis mulieris maritique,

§ II. *Dos quomodo constituatur.* — Jure veteri dos aut datur, aut dicitur, aut promittitur.

Dos *datur*, quum certa quantitas, aut pecunia, aut quælibet aliæ res ex eâ causâ traduntur; nec interest utrum vera sit traditio aut brevis manûs fictione efficiatur. Ita, in hâc specie fictione brevis manus dos data videtur : cum eo cui nuptura est mulier sic pactum fecit : ea pecunia doti tibi erit quam mihi debes, et quam soluturus eras quùm dies venisset. Eo casu videtur mulier accepisse pecuniam quæ debebatur, et statim in dotem marito retradidisse.

Dos *dicitur*, quum solemnibus verbis absque interrogatione constituitur. Omnibus eo modo dotem constituendi licentia non erat. Quin autem à quolibet dos dari promittive possit nemini dubium est.

Dos *promittitur*, quæ pro muliere marito stipulanti constituitur. Dos utiliter promittitur non solùm purè, sed etiam ex certo tempore, aut sub conditione. Si verò talis esset conditionis effectus ut dos tantùm esse inciperet, quandoque soluto matrimonio, non valeret dotis promissio.

Per acceptilationem quoque dos constitui potest, quod efficitur, si marito debitori acceptofert mulier dotis constituendæ causâ, eumque liberat. Dotem quóque per mortis causâ dationem constituere licet. Tacita demùm constitutio dotis fit quùm, divortio facto, ad maritum contra quem nondùm dotem exegerat, mulier revertitur. Redintegrato matrimonio, ne sit mulier indotata, dos prior in manu mariti redintegrata vidétur.

§ III. *Quibus dotis causâ aliquid dari possit.* — Dos quidem marito utiliter datur promittitur-ve, aut patri si filius familias est maritus, nec non personis mariti patris-ve potestati subjectis, per quas marito patri-ve adquiritur. Quòd si filiofamiliàs dós data vel promissa sit, vel servo, non priùs in periculo patris vel domini dótem esse incipere æquum est quàm id ratum habuerint.

Dos cæterùm antè nuptias aut post nuptias constitui potest.

CAPUT TERTIUM.

De jure quod ex dotis constitutione nascitur.

§ I. *Quod jus ex dote promissâ vec relictâ nascatur.* — Si vir socerve dotem stipulatus est, ex eâ stipulatione actio adquiritur. At mulièri, pro quâ dos constituta est, nullam esse actionem acceptum est. Secundum hæc, si pater mulieris dotem viro stipulanti promisit, actio quæ ex promissióne adversùs promissorem vel successores ejus nascitur, viro tantùm et non mulieri quæritur. A patronâ, quæ dotem pro libertâ promisit, eam dotem retineri non posse statuere consequens est.

Contrà, quum testamento aliquid dotis nomine viro relictum est, actio quæ ex testamento nascitur ad virum pertinet, eique erit exactio rei testamento relictæ. Cæteroquin non mulieri, si voluerit, hujusmodi actionem esse denegandam, Julianus ait.

Speciem proponit Paulùs in quâ, non solùm constante matrimonio, à viro dos exigi potest, sed etiam soluto matrimonio.

In dotis exactione veniunt omnia quæ promissa vel testamento relicta sunt. Si promissor dotis nomine extraneus est, in solidum, non in id tantùm quod facere potest, condèmnandus est. Si contrà à socero dos promissa est, non ab eo petere licebit plus quàm quod facere potest.

§ II. *Quod jus ex traditione dotis causâ factâ nascatur.* — Ex traditione dotis causâ factâ, omnium quæ tradita sunt dominus vir efficitur. Hinc Ulpianus ait in bonis mariti fieri quod traditum est, « accessionemque temporis marito ex personâ mulieris concedendam ». Is enim, à quo res dotis nomine traditæ sunt, cum eo animo tradidisse videtur ut semper apud maritum sint, neminique dubium est quin maritus dotis dominus factus sit. Hoc autem verum est quum res à domino tradita est. Quòd si à non domino res tradita sit citrà domini voluntatem, nihil marito adquisitum est. At re evictâ, marito competit actio adversùs socerum qui dotem constituit.

Quod jus ex constitutione dotis maritus consequatur in specie sequenti quæritur : ex asse hæres institutus rogatus sum dodrantem hæreditatis mulieri restituere; posteà, sed priusquàm fidei-commissum solverim, jussu mulieris id doti promisi. — Quid juris, si in dotem ususfructus constitutus est? — Hic tantùm exponantur questiones quas voce soluturus sum.

§ III. — *De nuptiarum conditione à quâ pendet jus in dote.* — Dotis stipulatio ab eventu nuptiarum pendet. Hinc, si non secutæ essent nuptiæ, ex stipulatu dotis nomine agenti noceret exceptio; « magis enim res quàm verba intuenda sunt. » Pendente quidem nuptiarum conditione non solùm dotis stipulatio pendet, sed etiam delegatio à muliere ex eâ causâ facta, nec non æstimatio quæ interdùm antè matrimonium fieri solet.

Quamvis antè nuptias pendeat causa dotis ex quâ res dotæ sunt, non ideò minùs medio tempore dominus earum maritus fiet, nisi aliter actum fuerit.

Cæteròquin nullum jus ex dotis constitutione nascitur quoties non valet matrimonium. « Dotis appellatio non refertur ad ea matrimonia quæ consistere non possunt. Neque enim dos sine matrimonio esse potest : ubicunquè igitur matrimonii nomen non est, nec dos est. »

CAPUT QUARTUM.

De bonis paraphernis.

Quæcumque mulier extrà dotem habet bona parapherna intèlli-
guntur. Ab imperatoribus quidem prohibitum est ne in bonis paraphernis, invità uxore, ulla maritis tribueretur communio.

SECUNDA PARS.

Soluto matrimonio dos quemadmodum petatur.

CAPUT PRIMUM.

An et cui et quo tempore dos soluto matrimonio restituenda sit.

1. Aut viro mortuo, aut muliere mortuâ, aut divortio facto, solvitur matrimonium.

Quum in matrimonio decessit mulier, dos à patre profecta ad patrem revertitur; et, si pater non est, dos apud maritum remanet.
Æquum enim videtur solatio esse patri dotis restitutionem qui satis
morte filiæ afflictus est.

Dos autem adventitia plerùmque penès maritum remanet.

Ità primùm jus acceptum fuit. Posteà verò Justiniani constitutione
statutum est, neque dotem profectitiam mortuo patre, neque adventi-
tiam lucro mariti cedere posse, sed mulieris hæredibus actionem ac-
comodandam.

Quum morte mariti solvitur matrimonium, mulieri, si juris sui
sit, erit dotis exactio. Contrà, si filia-familiàs sit mulier, patri, consentiente autem filià, erit actio de dote restituendà. Idem observan
dum est quum divortio solvitur matrimonium, et culpâ neutrius con
jugis divortium factum est. Nec interest utrùm de dote profectitiâ a
de dote adventitiâ agatur. Quoties ergò evenit solutio matrimonii, ve
morte mariti, vel divortio, ad patrem et simul ad filiam pertinet ac
tio de dote reddendà, nec dotem consequi potest pater, aut ipse

aut per procuratorem, nisi consentiat filia, nec ipsi filiæ amplius est agendi facultas, quum patris consensus deficit.

Soluto quidem matrimonio per servitutemalterutrius conjugis, nondùm agendum erit dotis recipiendæ causâ, propter spem postliminii. Quòd si in captivitate conjux decesserit, eadem perindè observanda sunt ac si morte ejus matrimonium solutum esset.

II. Statutum est soluto matrimonio dotem à marito restituendam. Quum veròres dotis pondere, numero, mensurâ-ve constant, non statim, sed annuâ, bimâ, trimâ die reddentur, nisi pactum sit ut sine morâ fiat restitutio. Dilatio ad dotem reddendam sæpè marito conce.ditur. At id plerùmque non conceditur nisi satisdet maritus; et quum satisdare non potest, ab eo statim dotis residuum restituendum est, deducto commodo temporis. Quòd si satisdare possit maritus et nolit, in solidum dotis reddendum condemnetur, nequaquàm deducto commodo temporis.

Quamvis sæpissimè matrimonii solutionem expectet dotis repetitio, quin tamen utiliter res dotis exigat mulier non licet dubitare, si prodigus sit maritus, vel inops fiat, undè non immeritò timeat mulier ne posteà sufficere possint ejus facultates ad dotem restituendam.

CAPUT SECUNDUM.

De actione ad dotis restitutionem competente.

§ I. — *Adversùs quos competat actio de dote restituendâ.* — In primis adversùs maritum competit actio; nec interest utrùm ipsi dos data sit, aut alii ex jussu mariti. At si socero, quum filiusfamilias esset maritus, dos data est, non quidem adversùs maritum sed adversùs socerum actionem de dote reddendâ competere palàm est. Quo casu tantùm teneretur maritus si patris, qui dotem receperat, institutus hæres extitisset. Quod si, marito exhæredato, alii patris ejus hæredes instituti sint, nullam adversùs maritum competere actionem æquum est.

Quum viro filiofamiliàs dos data est, vir ipse dotis actione, pater ejus autem de peculio tantùm tenetur. Hoc ità si injussu patris dos

viro filiofamiliàs data est ; alioquin pater solus actione quod jussu te-
neri credendum est.

Cæterùm nemini dubium est quin dotis persecutio competat adversùs hæredes , vel quoslibet successores mariti soceri-ve qui dotem accepit.

§ II. — *Quid veniat in actione de dote restituendâ.* — Quum res in
dotem datæ pondere, numero , mensurâ-ve constant , non corpora ,
sed quantitatem debet maritus. Ideò , quandoque soluto matrimonio,
non res ipsas quæ traditæ sunt , sed totidem alias ejusdem generis
reddïturus est. Earum enim rerum traditio effecta est ut eas maritus
ad arbitrium suum distrahere posset. De pecuniâ verò reddendâ , si
moram fecerit maritus , usuras ab eo præstandas æquum est.

Res autem dotis inæstimatæ quæ non pondere, numero, mensurâ-
ve constant , soluto matrimonio , in naturâ restitui debent. Hoc ità
accipiendum, etiam si non suam sed alienam rem sciens mulier de-
disset. Nam res ipsas , et deteriores effectas , restituturus est maritus , dùm nec moram, nec dolum, nec culpam fecerit. In rebus enim
quas præter numeratam pecuniam dotis nomine accepit maritus , dolum et culpam præstare debet. « Ea sententia Publii Mucii est. Nam
» is in Licinniâ Gracchi uxore statuit, quòd res dotales in eâ sedi-
» tione quâ Gracchus occisus erat perissent (ait) quia Gracchi culpâ
» ea seditio facta esset, Licinniæ præstari oportere. »

In dotis persecutione veniunt omnes accessiones rerum dotalium
quæ sinè æstimatione datæ sunt. Hoc intelligendum est et de usufructu
qui proprietati nudæ accessit , et de alluvione , et de rebus quæ antè
nuptias servo dotali donatæ vel legatæ sunt , et de ancillarum poste-
ritate , et generaliter de omnibus quæ maritus consecutus est propter rem dotalem, exceptis tamen dotis fructibus.

Quum enim fructus constante matrimonio percepti non dotis sint ,
non veniunt in dotis actione quæ soluto matrimonio competit. Pro
oneribus matrimonii mariti lucro fructus totius dotis sunt , et quum
ad ea sustinenda onera marito concessi sint fructus quos in rebus dotalibus constante matrimonio percepit , hinc ad maritum pertinere
oportere tantùm extremi anni fructus , pro ratâ temporis quo hoc

anno stetit matrimonium. Dividuntur igitur inter virum et uxorum fructus extremi anni. Sed non priùs efficitur ea divisio, quàm præcepta sint quæ pro fructibus impensa sunt. « Fructus enim eos esse constat qui deductis impensis supersunt. »

Si rebus dotalibus aliquid decessit, mulieri damnum est.

Quid autem obtineat circà restitutiónem ususfructus in dotem constituti quæritur? Quin mulieri restitui debeat ususfructus procul dubio est. At variis modis ea fit restitutio.

Quòd si res dotis nomine datæ æstimatæ sint, non res ipsas sed pretium reddere cogitur maritus. Harum enim rerum dominus factus est secundùm juris regulam : dos æstimata, dos vendita. Et periculo mariti res æstimatæ meliores vel deteriores fiunt, etsi in usu sint mulieris. Evictà autem re æstimatà, marito exceptionem concedi æquum est ad actionem mulieris repellendam. Imò, actionem ex empto, dotis æstimatæ causâ, marito cempetere adversùs mulierem certum est. At restituendum erit quidquid maritus ex empto actione consecutus erit.

Interdum non ideò res dotis æstimantur ut venditio marito videatur effecta, sed tantùm ut de pretio earum constet, et appareat quantum hujus rei nomine restituendum sit, si mariti culpâ res interierint vel deteriores factæ sint. Quòd si eo animo æstimatio facta sit rem ipsam reddere oportere manifestum est, aut pretium, si culpâ viri res interierit.

Etiamsi non viro sed alii jussu ejus dos data sit, vir dotis nomine tenetur. At non in plus tenetur quàm quod reverà accepit. Hinc, si maritus errans plus promiserit quàm accepit, ab eo tantum quod in veritate est restituendum. Aliter autem statuendum est quum, donandi causâ, quod non accepit maritus accepisse confessus est.

Quoties dotis causâ obligatione quâ tenebatur vir liberatus est, in actione de dote restituendà venit quod continebat ea obligatio, perindè ac si id ipsum vir accepisset. Quinimò, quum obligatio mariti acceptolata est dotis causâ, id quod debebat maritus accepisse videtur, idque dotis actione ab eo mulier petere potest.

Quod de marito, de socero etiam dicitur.

2

§ III. — *Quatenùs vir socer-ve dotis nomine condemnari possit.* —
In id tantùm quod facere potest vir condemnandus est. Eodem bene-
ficio utitur etiam socer cum quo de dote reddendâ nurus agit, ità ut
non plus teneatur quàm quod facere potest. Socer enim loco parentis
habetur. Rei judicatæ tempus spectatur quatenùs vir facere potest; et
computabitur quod dolo desiit facere posse, nam in causâ dotis dolum et culpam vir præstare solet.

Hoc beneficium, quo maritus uti solet, minorem accipit extensio-
nem quàm illud quo donator. Maritus enim creditur facere posse nequaquàm deducto ære alieno; donator autem deducto ære alieno facere posse videtur. At illud beneficium marito auferri non potest, nec
valet conventio quâ pactus est ne in id quod facere potest sed in solidum condemnetur.

Non solùm mulieri de dote reddendâ agenti privilegium conceditur, quo cæteris creditoribus privatis præfertur, sed etiam hypotheca
tacita quâ potior mulier est omnibus creditoribus etiamsi tempore
prioribus.

§ IV. — *Quatenùs restituantur mulieri quæ vir consecutus est, quasi
patronus, in servos dotales ab ipso manumissos.* — Vir, si servum dotalem invitâ uxore manumiserit, restituere cogetur quidquid ad eum
pervenerit, aut quasi in pretium libertatis, aut ex causâ juris patro-
natûs. Contrà, si mulier consensum manumittenti viro accomodavit,
quum ei donare vellet, desiit servus in dote esse, nec vir quodam-
modo posteà tenetur.

Demùm, si servum dotalem manumiserit uxore consentiente, non
autem donationis causâ, quidquid consecutus est vir mulieri restituere debet.

DROIT FRANÇAIS.

Du Régime dotal.

(CODE CIV., LIV. III, TIT. V, CHAP. III. — Art. 1540-1581).

Au commencement du dix-neuvième siècle, avant la confection de nos nouvelles lois, l'homme observateur qui aurait parcouru la France eût été étonné de voir si peu d'harmonie, nous dirons plus, un dissentiment si profond, dans la manière de régler les conditions de l'association la plus importante de la vie humaine, l'association conjugale. En effet, dans les provinces du midi et du centre, appelées de droit écrit, où les traditions romaines s'étaient perpétuées, les mariages se contractaient sous le régime dotal ; et dans le reste de la France, c'est-à-dire dans les pays coutumiers, où les mœurs germaniques, établies par les Francs, prédominaient, les mariages se contractaient sous le régime de la communauté. Ici, un régime sous lequel l'avoir, les intérêts des époux sont confondus : là, un régime sous lequel l'avoir, les intérêts des époux étant toujours distincts, il peut se présenter le spectacle bizarre de l'un des époux dans l'opulence, et de l'autre dans la misère.

Lors de la confection de nos codes, nos législateurs donnèrent avec raison la préférence au régime de la communauté, et ils établirent (art. 1393) qu'à défaut de stipulations spéciales contraires, ce régime formerait le droit commun de la France. Dans leur premier projet, ils s'étaient fort peu préoccupés du régime dotal. Mais à la voix qui partit des provinces du midi où l'on regardait l'oubli des législateurs comme une sorte de prohibition, leur attention se reporta sur le régime dotal, et ils en posèrent les règles dans les articles 1540-1580 du Code civil.

Nous diviserons notre sujet en plusieurs chapitres, dans lesquels nous traiterons successivement : 1° de ce que l'on doit entendre par dot, et de quelle manière s'établit le régime dotal; 2° de la constitution de la dot; 3° des droits du mari sur les biens dotaux et de l'inaliénabilité du fonds dotal; 4° de la restitution de la dot; 5° et enfin des biens paraphernaux.

CHAPITRE PREMIER.

De ce que l'on entend par dot et comment s'établit le régime dotal.

La dot, sous le régime dotal comme sous celui de la communauté, est le bien que la femme apporte au mari pour supporter les charges du mariage (art. 1540). L'union conjugale entraîne après elle des charges nombreuses, telles que la nourriture et l'entretien des époux, l'entretien, l'éducation et l'établissement des enfans. Or, la femme doit aussi bien que son mari supporter une part des charges du mariage quelles qu'elles soient, et ceux de ses biens qui sont destinés à y faire face constituent ce qu'on appelle la dot. Au surplus, il ne faut pas croire que ce soit la propriété de ses biens que la femme apporte au mari pour soutenir les charges du mariage. En principe, c'est à leur jouissance seulement que ce dernier a droit, et ce droit n'a d'autre durée que celle du mariage.

Mais le droit qu'a le mari de faire contribuer la femme aux charges du mariage dure jusqu'à sa dissolution; car la femme qui aurait obtenu la séparation de biens, à cause des dissipations et des prodigalités de son mari, en serait tenue dans une juste proportion, ainsi que l'a sagement ordonné le législateur dans l'article 1448.

Tout ce que la femme se constitue ou qui lui est donné en contrat de mariage est dotal, s'il n'y a stipulation contraire. L'article 1541, qui pose ce principe, a tranché les difficultés qui s'élevaient sous l'ancienne jurisprudence sur le point de discerner ce qui était dotal de ce qui ne l'était pas. Mais il suppose, dans la définition qu'il contient, qu'il y a eu déclaration formelle et expresse de la part des époux de soumettre l'administration de leurs biens au régime dotal. En effet, la simple stipulation que la femme se constitue ou qu'il lui est constitué des biens en dot ne suffit pas pour soumettre ces biens au régime dotal, s'il n'y a dans le contrat de mariage une déclaration expresse à cet égard. (Art. 1392.)

Le régime dotal est un régime d'exception. Aussi le législateur a-t-il voulu que les biens des époux n'y fussent soumis qu'autant qu'ils en auraient fait, dans leur contrat de mariage, la déclaration *expresse.* Cette déclaration expresse a-t-elle été omise? Les biens, pour tout ce qui n'aura pas été prévu dans les conventions matrimoniales, se trouveront soumis au régime qui forme la règle, c'est-à-dire au régime de la communauté. Ainsi, nous n'admettons pas de manière tacite de se soumettre au régime dotal, quoiqu'en aient dit certains auteurs.

CHAPITRE II.

De la constitution de la dot.

Nous examinerons dans ce chapitre : 1° quelle est la nature de la constitution de dot et quels biens elle peut frapper ; 2° qui peut constituer une dot, et quelles sont l'étendue et les bornes des obligations des constituans ; 3° enfin, les principes relativement à la garantie de la dot et aux intérêts qu'elle produit du jour du mariage.

I. *Nature de la constitution de dot; quels biens elle peut frapper.* — La constitution de dot, entre les deux époux, est un contrat synallagmatique par lequel la future donne l'administration et la jouissance de tout ou de partie de ses biens, pendant le mariage, au futur qui, de son côté, s'oblige à en supporter toutes les charges. Quand, outre les futurs époux, il intervient au contrat d'autres personnes pour constituer une dot, alors il se forme un contrat de bienfaisance en ce qui touche la libéralité par elles faite à la future ; et celle-ci, en acceptant les biens qui en sont l'objet comme dotaux, consent tacitement à en donner l'administration et la jouissance au mari pour supporter les charges du mariage. Ainsi, c'est toujours de la femme que le mari tient son droit de jouissance sur les biens dotaux, soit qu'il s'agisse de biens que la femme s'est constitué à elle-même, soit qu'il s'agisse de biens qui lui ont été donnés en dot par d'autres.

Le contrat de constitution de dot n'est destiné à avoir d'effet qu'autant que le mariage vient à se réaliser. Car, suivant le principe consacré par l'article 1088 du Code civil, toute donation faite en faveur de mariage est caduque, si le mariage ne s'ensuit pas.

L'article 1394, portant que toutes conventions matrimoniales seront rédigées avant le mariage par acte devant notaire, est applicable aux conventions relatives à la dot qui ne peut être constituée, ni même augmentée pendant le mariage. (Art. 1543.) Ainsi, le point de savoir quels biens frappe la constitution de dot doit être bien déterminé avant le mariage, et tous autres biens qui, pendant son cours, proviendraient à la femme à quelque titre que ce soit, et viendraient augmenter sa fortune, ne seraient point dotaux, mais bien paraphernaux, à moins qu'en prévision de ces événemens on n'eût fait entrer dans la constitution de dot même les biens à venir. La constitution de dot peut en effet, suivant l'article 1542, frapper tous les biens présens et à venir de la femme, ou tous ses biens présens seulement, ou une portion de ses biens présens et à venir, ou même un objet individuel. — La constitution en termes généraux de tous les biens de la femme ne comprend pas les biens à venir.

II. *Qui peut constituer une dot ; quelles sont les obligations des constituans ?* — Le droit de constituer une dot appartient à toute personne capable de disposer de ses biens. La future elle-même, quoique mineure, pourvu qu'elle soit nubile, peut se constituer ses biens (1398).

C'est, en général, le père et la mère qui dotent leurs enfans. Ce devoir est également imposé à tous les deux par la nature. Cependant les lois romaines ne l'imposaient qu'au père, à qui seul appartenait la puissance paternelle ; et les magistrats pouvaient le contraindre à doter ses enfans. Il en était de même autrefois en France, dans les pays de droit écrit où les lois romaines étaient en vigueur, mais non dans les pays coutumiers où l'on tenait pour maxime que : *ne dote qui ne veut.* Nos législateurs ont condamné le système des lois romaines, en disposant, dans l'article 204, que l'enfant n'a pas d'action contre ses père et mère pour un établissement par mariage ou autrement.

Toute constitution de dot est une véritable libéralité. Nous pouvons donc poser en principe que toute personne capable de disposer de ses biens peut faire une constitution de dot à une personne capable de recevoir. Il s'élevait autrefois une grave question sur le point de savoir, dans le cas où un père débiteur de sa fille constituait une dot, si cette dot devait s'imputer sur la dette du père, ou si ce dernier était censé plutôt avoir doté comme père *de suo*. Dans le droit romain, la question était controversée, quoique le prince des jurisconsultes, Papinien, l'eût résolue dans ce dernier sens, ainsi qu'il résulte de la loi 12 au Digeste, *de jure dotium*. Elle l'était aussi sous l'ancienne jurisprudence. Mais aujourd'hui cette question ne peut plus être soulevée en présence de l'article 1546, ainsi conçu : « Quoique la fille dotée par ses père et mère ait des biens à elle propres dont ils jouissent, la dot sera prise sur les biens des constituans, s'il n'y a de stipulation contraire. » C'est l'opinion de Papinien érigée en loi. Mais dans quelle proportion la dot sera-t-elle prise sur les biens de chacun des constituans ? L'article 1544 répond à cette question. Il porte, en effet, que si les père et mère constituent conjointement une dot, sans distinguer la part de chacun, elle sera censée constituée par portions égales. De plus, pour empêcher que le mari n'abuse de son ascendant sur sa femme, l'article ajoute : « Si la dot est constituée par le père seul pour droits paternels et maternels, la mère, quoique présente au contrat, ne sera point engagée et la dot demeurera en entier à la charge du père. » Si le contrat de constitution de dot était un contrat ordinaire, ce fait que la mère a été présente au contrat et qu'elle n'a nullement protesté lorsque le père déclarait doter pour biens paternels et maternels, ce fait témoignerait assez du consentement de la mère, et le contrat serait exécuté suivant ses termes. Mais dans une affaire aussi importante qu'une constitution de dot, le législateur a cru devoir faire exception à la règle générale. Ainsi, pour être obligée, la mère doit avoir participé d'une manière active et expresse au contrat. Au reste, la dernière disposition de l'article 1544 n'échappe pas à la critique. En la rapprochant de celle de l'article 204, qui refuse aux enfans le droit de réclamer une dot contre leurs auteurs, on ne peut s'empêcher de s'étonner qu'un père, qui a manifesté l'intention de faire participer la mère à la constitution de dot par lui faite, soit cependant tenu de fournir cette dot en entier. Le législateur n'aurait-il pas mieux fait, en pareil cas, de décider que l'obligation du père serait réduite à moitié ?

L'article 1545 renferme la consécration de ce brocard de droit, *nemo liberalis nisi liberatus*. Il dit en effet : « Si le survivant des père et mère constitue une dot pour biens paternels et maternels, sans spécifier les portions, la dot se prendra d'abord sur les droits du futur époux dans les biens du conjoint prédécédé, et le surplus sur les biens du constituant. »

III. *De la garantie de la dot, etc.* — Quoiqu'en thèse générale les auteurs d'une libéralité ne soient point assujettis à la garantie des objets donnés, on a cru devoir faire une exception à cette règle en matière de constitution de dot. En effet, suivant l'article 1547, ceux qui constituent une dot sont tenus à la garantie des objets constitués. Les motifs de cette disposition, dont on ne saurait méconnaître la sagesse, ont leur fondement dans la destination spéciale de la dot. Ainsi, grâce à cet article, tout de protection et de faveur, le futur époux n'aura jamais à craindre que la constitution de dot faite à la future devienne illusoire. Quel que soit le constituant, la garantie est toujours due. La femme elle-même, qui s'est constituée en dot partie de ses biens propres, est tenue à la garantie sur ses biens paraphernaux. Ceux qui constituent une dot peuvent néanmoins convenir qu'ils ne seront tenus à aucune garantie ; mais en ce cas ils seraient au moins tenus à celle qui résulterait d'un fait personnel : toute stipulation contraire serait nulle (1628). Si des immeubles ont été constitués en dot et que le mari en soit évincé, ce dernier, en dirigeant l'action en garantie contre les constituans, obtiendra la valeur de ces immeubles suivant une estimation contradictoire.

Non seulement le mari a droit à la garantie des objets constitués en dot à son épouse, mais encore, suivant l'article 1548, les intérêts de la dot courent de plein droit à son profit, du jour du mariage, contre ceux qui l'ont promise, encore qu'il y ait terme pour le paiement, s'il n'y a stipulation contraire. Destinée à faire face aux charges du mariage, la dot doit être productive du moment où ces charges ont commencé. Cette exception au principe général se justifie donc d'elle-même.

CHAPITRE III.

Des droits du mari sur les biens dotaux et de l'inaliénabilité du fonds dotal.

SECTION PREMIÈRE.

Des droits du mari sur les biens dotaux.

Il convient d'examiner d'abord quelle est l'étendue des droits du mari sur les meubles, et puis quels sont ses droits sur les immeubles.

En ce qui touche les meubles constitués en dot, il importe d'en distinguer de deux sortes, savoir : ceux qui se consomment par l'usage qu'on en fait, tels que l'argent, les grains, tous les comestibles, les liqueurs, qui rentrent par conséquent dans la classe des choses fongibles, et ceux dont on peut faire usage sans les consommer, tels que les meubles meublans, l'argenterie, les tableaux, les statues, etc. Les meubles de la première espèce sont acquis au mari, car il ne peut en user sans les consommer. Il peut donc en disposer à son gré, sauf à les rendre en pareille quantité, qualité et valeur à la dissolution du mariage. Quant aux meubles de la seconde espèce, le mari en a seulement la jouissance.

Il arrive assez souvent que le contrat de mariage contient l'estimation des objets apportés par la femme. Dans un pareil cas, la règle en droit romain était celle-ci : *Dos æstimata, dos vendita.* Cette règle a été adoptée sans restriction par les auteurs du Code, relativement aux meubles. Cela résulte, en effet, de l'article 1551, ainsi conçu : « Si la dot ou partie de la dot consiste en objets mobiliers, mis à prix par le contrat, sans déclaration que l'estimation n'en fait pas vente, le mari en devient propriétaire et n'est débiteur que du prix donné au mobilier. » Mais elle a été modifiée, en ce qui touche les immeubles, par l'article 1552 qui dispose que l'estimation donnée à l'immeuble constitué en dot, n'en transporte point la propriété au mari, s'il n'y en a déclaration expresse.

En résumé donc, s'agit-il de meubles qui se consomment par l'usage, et même de tous autres meubles mis à prix par le contrat, sans qu'il ait été déclaré que l'estimation n'en fait pas vente ? le mari en devient propriétaire. Dans tous autres cas, il n'a qu'un droit de jouissance. Quant aux immeubles, il n'en a jamais que la jouissance, même quand ils ont été mis à prix, à moins qu'il n'ait été expressément déclaré que l'estimation en fait vente. Mais lorsque cette déclaration a été faite, il reste à examiner s'il faudra appliquer à cette vente, ainsi consommée d'une manière particulière, tous les principes en matière de vente. Oui en général. Ainsi, contrairement à l'opinion émise par le jurisconsulte Merlin, nous pensons qu'il ne suffira pas qu'il y ait simple disproportion entre le montant de l'estimation et la valeur réelle de l'immeuble, pour que l'époux lésé puisse se faire restituer. Nous croyons, au contraire, que la lésion des sept douzièmes peut seule donner ouverture à l'action en rescision au profit de la femme, et qu'à l'égard du mari cette action ne peut jamais avoir lieu, parce qu'il joue le rôle d'acheteur, et que la rescision pour lésion n'est pas admise en faveur de l'acheteur (1683).

Abordons maintenant la disposition importante de l'article 1549, ainsi conçu : « Le mari seul a l'administration des biens dotaux pendant le mariage. — Il a seul le droit d'en poursuivre les débiteurs et détenteurs, d'en percevoir les fruits et les intérêts, et de recevoir le remboursement des capitaux. » Certains auteurs ont cru voir une analogie si grande entre le droit du mari sur les biens dotaux et celui d'un usufruitier, qu'ils n'ont pas craint de dire que e droit du mari est un véritable usufruit. C'est une erreur, selon nous. Le caractère essentiel de l'usufruit est d'être un démembrement de la propriété. La conséquence qui s'induit de là c'est que l'usufruit est un immeuble, quand l'objet auquel il s'applique est aussi un immeuble, et que, comme tel, il est susceptible d'hypothèque (2118), et même soumis à l'expropriation forcée (2205). Or, comment pourrait-on soutenir que le droit de jouissance appartenant au mari sur les biens dotaux, est un démembrement de la propriété ! Il le faudrait cependant, si c'était un véritable usufruit.

Il résulte de l'article 1549, qu'il appartient au mari seul de poursuivre le recouvrement des sommes et valeurs constituées en dot à la femme, et que celle-ci serait sans qualité pour cela. Néanmoins il convient d'entendre cette disposition de la loi d'une manière raisonnable ; et nous pensons, quoique le contraire ait été jugé plus d'une fois, qu'on ne pourrait opposer à la femme son défaut de qualité, si elle agissait avec l'assistance et l'autorisation de son mari.

Le mari peut seul poursuivre les détenteurs de la dot. — Ces termes de l'article 1549 nous démontrent, d'une manière évidente, qu'il a été dans l'esprit du législateur d'accorder au mari l'action pétitoire. Au reste, quand le mari poursuit le recouvrement de la dot, et que l'objet constitué est un immeuble, il ne pourrait, de concert avec le constituant, recevoir une chose pour une autre. Le principe de l'inaliénabilité s'y oppose. Le même motif n'existant pas quand la dot a été constituée en deniers, il est permis au mari de recevoir des immeubles en paiement. C'est un point qui intéresse fort peu la femme, puisque ces immeubles ne deviennent point dotaux, pas plus que ceux qui auraient été acquis des deniers constitués en dot (1553). Cependant, pour que l'immeuble acquis des deniers dotaux ne soit pas dotal, il faut, suivant le même article, qu'aucune condition d'emploi n'ait été stipulée par le contrat de mariage. L'immeuble acquis des deniers dotaux est donc dotal lorsque la condition d'emploi a été stipulée. Conformément à l'article 1435 qui règle le cas où, sous le régime de la communauté, une acquisition est faite en remploi d'un propre de la femme précédemment aliéné, nous pensons que, dans l'acte d'achat, la déclaration d'emploi des deniers dotaux est nécessaire. Cette déclaration a, en effet, une immense portée à l'égard des tiers qui, sans elle, ne pourraient savoir si l'immeuble acquis depuis le mariage est dotal. Nous pensons aussi que l'emploi doit être accepté par la femme. Il serait étrange que l'acquisition pût être faite à son insu. Si le consentement de la femme n'était pas exigé, le mari ne pourrait-il pas pratiquer des fraudes à son détriment !

Lorsqu'il a été stipulé dans le contrat de mariage que le mari fera emploi des deniers dotaux, il doit, en exerçant son action en paiement, offrir de se soumettre à cette condition. Faute de quoi, le débiteur pourrait écarter sa demande.

L'action en paiement de la dot se prescrit par trente ans (2262).

Le droit de percevoir tous les fruits de la dot, naturels, industriels et civils, appartient au mari. Mais s'il avait perçu des fruits avant la célébration du mariage, ces fruits ne lui appartiendraient pas et feraient partie de la dot.

SECTION II.

De l'inaliénabilité du fonds dotal.

La conservation de la dot était regardée à Rome comme un point de droit public. Aussi éveilla-t-elle plusieurs fois la sollicitude du législateur, qui ne crut trouver de moyen plus efficace pour la conserver que de la rendre inaliénable. La loi *julia, de fundo dotali*, rendue sous Auguste, fut la première qui consacra ce principe, en défendant au mari d'aliéner les biens dotaux situés en Italie, sans le consentement de sa femme, et de les hypothéquer, même avec ce consentement. Justinien généralisa la prohibition, en défendant d'aliéner et d'hypothéquer les fonds dotaux, même du consentement de la femme, quel que fût le lieu de leur situation.

En France, dans les pays coutumiers, on repoussa de tels principes, qu'on regardait comme inconciliables avec la liberté du commerce. Dans les pays de droit écrit, au contraire, le principe de l'inaliénabilité de la dot fut introduit avec les lois romaines.

Les auteurs du Code civil avaient d'abord eu la pensée de proscrire le principe de l'inaliénabilité. Mais leur projet rencontra une opposition si vive qu'ils se virent contraints d'y renoncer, et ils disposèrent, dans l'article 1554, que « les immeubles constitués en dot ne peuvent être aliénés ou hypothéqués pendant le mariage, ni par le mari, ni par la femme, ni par les deux conjointement, sauf les exceptions qui suivent. » Ainsi se trouve consacré, de la manière la plus claire et la plus expresse, le principe de l'inaliénabilité des *immeubles* dotaux. Ainsi se trouve repoussé, par là, tout moyen soit direct, soit indirect, de porter atteinte à cette inaliénabilité. La transaction, le compromis sont donc impossibles en cette matière. La femme qui s'est constitué des immeubles en dot, ne peut pas non plus renoncer valablement à son hypothèque légale sur les biens de son mari, ni céder à un créancier de son mari la priorité de son hypothèque. S'il en est autrement sous le régime de la communauté, c'est que, sous ce régime, la femme peut aliéner la dot avec l'autorisation de son mari.

Mais il se présente ici une question des plus graves et des plus importantes qui aient encore divisé les auteurs et la jurisprudence. C'est celle de savoir si le principe de l'inaliénabilité s'applique aussi bien à la dot mobilière qu'à la dot immobilière. La solution de cette question a une immense portée. Adopte-t-on l'affirmative, on se met en opposition manifeste avec les textes de la loi. Adopte-t-on la négative, il arrive aujourd'hui surtout que les fortunes mobilières sont devenues si nombreuses et si importantes, qu'une foule de dots, le plus grand nombre, peut-être, sont privées du bienfait introduit par le principe conservateur et tutélaire de l'inaliénabilité. Aussi la jurisprudence, touchée par ces considérations, s'est-elle généralement prononcée pour l'inaliénabilité de la dot mobilière. Les motifs sur lesquels elle s'est appuyée sont très-graves, nous en convenons. Mais que cette solution qu'elle donne à la question proposée puisse se soutenir, dans l'état de notre législation, c'est ce qu'il nous est impossible d'admettre. Les partisans du principe de l'inaliénabilité de la dot mobilière, n'ont pas même la ressource de l'obscurité des textes qui, par leur lucidité, condamnent tous leur opinion.

Revenons à la question. D'abord, pour ce qui est des meubles qui se consomment par l'usage et de ceux qui ont été constitués en dot avec estimation, le mari, suivant ce qui a été dit plus haut, en étant devenu propriétaire, peut évidemment en disposer comme bon lui semble. Pour ce qui est des meubles qui ne se consomment pas par l'usage, et dont la propriété est restée à la femme, le mari peut les aliéner aussi avec le consentement de cette dernière. Cette vérité se démontre d'une manière irréfragable. En effet, le principe général établi par l'article 1598 est que « tout ce qui est dans le commerce peut être vendu, lorsque des lois particulières n'en ont pas prohibé l'aliénation. » Mais où est la disposition particulière qui a prohibé l'aliénation des meubles dotaux ? Veut-on la trouver dans l'article 1554 ? Mais non, car cet article ne parle que des immeubles dotaux. Il n'en existe donc pas, et nous en concluons, avec une pleine conviction, que les meubles dont s'agit sont aliénables. Ce n'est pas à dire pour cela que le mari pourra en disposer à son gré. Non ; ce droit seul appartient à la femme, suivant cette loi de la propriété, *id quod nostrum est sine facto nostro ad alium transferri non potest*, en supposant, bien entendu, qu'elle se conforme aux règles établies par l'article 217 concernant la puissance maritale.

Voyons maintenant le cas où la dot consiste en argent, et en meubles incorporels, tels que créances, droits, actions. Ces objets devant être ramenés en définitive à une somme d'argent, et l'argent étant chose fongible, la propriété en appartient au mari. Le droit de la femme consiste uniquement à s'en faire restituer le montant en numéraire. En d'autres termes, la dot n'est qu'une créance exigible à la dissolution du mariage, créance qui, jusqu'à ce moment, est garantie par l'hypothèque sur les biens du mari. Il a été démontré que les meubles dotaux n'étaient pas compris dans la prohibition d'aliéner qui frappe les immeubles. Nul doute, après cela, à nos yeux, que la femme puisse disposer de son droit, le céder, renoncer à l'hypothèque légale qui en assure l'efficacité, tout comme cette faculté lui appartient sous le régime de la communauté. Là où la dot est inaliénable, tout acte qui serait de nature à compromettre cette inaliénabilité, doit rester sans effet. Voilà pourquoi, en parlant de la dot immobilière, il a été établi plus haut que la femme ne peut valablement renoncer à l'hypothèque qui en assure la restitution, ni y subroger quelqu'un. Mais s'il s'agit d'une dot mobilière, dont aucune loi ne prohibe l'aliénation, le principe, relativement à l'hypothèque légale, doit être le même sous le régime dotal que sous le régime de la communauté. La femme peut y renoncer ; elle peut y subroger quelqu'un. En un mot, la prohibition d'exposer l'hypothèque légale de la femme à aucun danger est, à notre avis, la conséquence de l'inaliénabilité des objets dont elle est destinée à garantir la conservation. Les meubles constitués en dot, que la propriété en passe ou non au mari, pouvant être aliénés, la prohibition ne peut plus exister.

Les motifs qui ont amené la conr suprême à adopter une opinion contraire reposent tous sur des considérations plus ou moins sérieuses. Aucun n'a son fondement dans la loi. Son système, nous le répétons, est donc insoutenable dans l'état actuel de la législation.

Au reste, s'il est de principe, sous le régime dotal, que les immeubles dotaux ne peuvent être aliénés, cela n'est point de son essence. En effet, suivant l'article 1557, l'immeuble dotal peut être aliéné quand l'aliénation en a été permise par le contrat de mariage. La clause qui permet l'aliénation n'autorise pas cependant le mari à vendre sans le concours de la femme. D'autres exceptions au principe de l'inaliénabilité sont celles que contiennent les articles 1555 et 1556. Le premier est ainsi conçu : « La femme peut, avec l'autorisation de son mari, ou sur son refus, avec permission de justice, donner ses biens dotaux pour l'établissement des enfans qu'elle aurait d'un mariage antérieur. Mais si elle n'est autorisée que par justice, elle doit réserver la jouissance au mari. » Cette exception existait en pays de droit écrit, et était une conséquence du devoir imposé par la loi aux pères et mères de doter leurs enfans. Quoique, dans nos institutions, cette obligation ne soit plus imposée par la loi, elle est toujours imposée par la morale, et le législateur a sagement donné à la femme la faculté de la remplir sur tous ses biens. L'art. 1556 porte : « La femme peut aussi, avec l'autorisation de son mari, donner ses biens dotaux pour l'établissement de leurs enfans communs. » De la rédaction de cet article, il résulte que, dans ce dernier cas, le refus d'autorisation de la part du mari est tout-puissant. La femme s'adresserait donc en vain à la justice. Et ceci n'est pas un oubli du législateur, comme l'a prétendu un auteur recommandable. C'est une véritable différence qu'on a voulu établir entre le cas de l'article 1555 et celui de l'article 1556. Dans le premier cas, il était à craindre que le mari ne fût trop facilement porté à interdire une aliénation toute au profit d'enfans qui lui sont étrangers, et dont les intérêts sont contraires aux siens. Son *veto* ne devait donc pas être sans appel. Dans le second cas, au contraire, où il serait absurde de penser qu'un père pût s'opposer sans de justes motifs à l'établissement de ses enfans, le refus du mari d'autoriser la femme à aliéner ses biens pour cet objet, devait être irrévocable. Au surplus, dans nos deux articles, tout descendant en ligne directe, à quelque degré qu'il soit, est compris dans le mot *enfans*.

Suivant l'article 1558, l'immeuble dotal peut aussi être aliéné — pour tirer de prison le mari et la femme ; — pour fournir des alimens à la famille dans les cas prévus par les articles 203, 205 et 206, au titre du mariage ; — pour payer les dettes de la femme ou de ceux qui ont constitué la dot, lorsque ces dettes ont une date certaine antérieure au contrat de mariage ; — pour faire de grosses réparations indispensables pour la conservation de l'immeuble dotal ; — enfin lorsque cet immeuble se trouve indivis avec des tiers, et qu'il est reconnu impartageable. Dans tous ces cas, l'aliénation doit être autorisée par la justice. Elle ne peut être faite qu'aux enchères après trois affiches. — En exigeant ces formalités, on a voulu empêcher les époux d'arriver frauduleusement à l'aliénation du fonds dotal.

Du reste, suivant le même article, dans tous les cas qu'il prévoit, l'excédant du prix de la vente, au-dessus des besoins reconnus, restera dotal, et il en sera fait emploi, comme tel, au profit de la femme. Si le mari devenait en son nom personnel adjudicataire d'un immeuble appartenant par indivis à la femme, nous croyons que l'option que l'article 1408 accorde à celle-ci, sous le régime de la communauté, doit lui être accordé aussi sous le régime dotal. Il serait étrange, en effet, que, sous ce dernier régime, on pût écarter l'application d'une disposition législative qui a sa source dans la loi 78 au Digeste, de *jure dotium*, c'est-à-dire dans le traité des dots en droit romain.

L'échange est le genre d'aliénation le plus favorable et le moins de nature à compromettre la dot de la femme, puisque, au moment même où l'immeuble dotal est abandonné, il en est acquis un autre qui est subrogé au lieu et place du premier. On ne peut donc s'empêcher de critiquer l'article 1559 qui exige, pour ainsi dire, tout une procédure pour parvenir à l'échange de l'immeuble dotal. Cet article porte en effet : « L'immeuble dotal peut être échangé, mais avec le consentement de la femme, contre un autre immeuble de même valeur, pour les quatre cinquièmes au moins, en justifiant de l'utilité de l'échange, en obtenant l'autorisation en justice et d'après une estimation par experts nommés d'office par le tribunal. Dans ce cas l'immeuble reçu en échange sera dotal ; l'excédant du prix, s'il y en a, le sera aussi, et il en sera fait emploi, comme tel, au profit de la femme. » Dans le cas d'éviction du fonds qui a été reçu en contre-échange de l'immeuble dotal, le mari, en exerçant l'action en garantie au nom de sa femme, a-t-il l'option que l'article 1705 accorde dans les cas ordinaires, c'est-à-dire peut-il, à son choix, conclure à des dommages-intérêts, ou répéter le fonds donné en échange? Nous croyons que cette option ne lui appartient pas et qu'il doit répéter le fonds abandonné en échange. Être le maître de recouvrer ce fonds, et conclure pourtant à des dommages-intérêts, ce serait l'aliéner par le fait, et porter atteinte au principe de l'inaliénabilité. On objecterait en vain que l'aliénation avait été consommée du moment où l'échange était accompli. Il est facile de répondre que, dans l'échange, je n'ai consenti à investir mon co-permutant de la propriété de mon immeuble qu'autant qu'il m'investirait de la propriété du sien ; qu'il ne l'a

4

pas fait, puisque j'ai été évincé; qu'en conséquence le contrat est résolu. Dès-lors, l'aliénation est censée n'avoir jamais eu lieu; car la condition résolutoire est celle qui, lorsqu'elle s'accomplit, opère la révocation de l'obligation et qui remet les choses au même état que si l'obligation n'avait pas existé (1183).

Un principe fondé sur la raison, c'est que les exceptions sont de droit étroit et la disposition qui les contient est limitative. L'article 1560 en fait l'application et dispose que si, hors les cas précédemment énumérés, la femme, ou le mari, ou tous les deux ensemble aliènent le fonds dotal, la femme ou ses héritiers pourront faire révoquer l'aliénation après la dissolution du mariage sans qu'on puisse leur opposer aucune prescription pendant sa durée. La femme aura le même droit après la séparation de biens. Bien plus, le mari lui-même pourra faire révoquer l'aliénation pendant le mariage; mais il demeurera sujet aux dommages-intérêts de l'acheteur, s'il n'a pas déclaré dans le contrat que le bien vendu était dotal.

Ainsi, la femme a-t-elle aliéné seule? Le contrat est nul par suite du défaut d'autorisation. Est-ce le mari qui a aliéné seul le fonds dotal? C'est la vente de la chose d'autrui qui ne peut tenir aux termes de l'article 1599. Enfin, l'aliénation a-t-elle été faite par le mari et la femme, le vice qui infecte le contrat ne consiste que dans l'infraction au principe de l'inaliénabilité, ce qui suffit pour en faire prononcer la révocation. Nous pensons, au surplus, qu'en permettant à la femme ou à ses héritiers d'exercer l'action révocatoire après la dissolution du mariage, l'article 1560 ne défend pas de l'exercer pendant le mariage. La femme pourra donc, même pendant le mariage, agir à cet effet avec l'autorisation de son mari, ou, à son refus, avec la permission de la justice. Décider le contraire, ce serait vouloir éloigner cet article des fins qu'il s'est proposées, savoir : la conservation de la dot de la femme. Que de fois, en effet, ne devient-il pas nécessaire d'agir au plus tôt en recouvrement de l'immeuble dotal aliéné, sur lequel l'acquéreur commet des dégradations qui pourraient devenir irréparables!

Il ne peut être opposé, porte l'article 1560, aucune prescription contre l'action révocatoire, pendant la durée du mariage. Le mari ne peut plus l'exercer, ni après la dissolution du mariage, ni après la séparation de biens prononcée. Mais si la prescription ne peut éteindre l'action révocatoire pendant le mariage, nul doute qu'elle ne puisse l'éteindre après sa dissolution. Il s'agit seulement d'examiner quelle devra être la durée de la prescription à cet effet. Lorsque c'est le mari qui a aliéné seul le bien de la femme, il a violé deux lois, celle qui rend le fonds dotal inaliénable, et celle qui proscrit la vente de la chose d'autrui. Nous croyons qu'en pareil cas la femme aura trente ans, pour exercer l'action révocatoire, depuis la dissolution du mariage, ou depuis la séparation de biens. Lorsque c'est la femme qui a aliéné son bien sans autorisation, l'article 1304 doit être appliqué ; en conséquence l'action révocatoire ne doit durer que dix ans, en prenant toujours le même point de départ. Pareille décision doit être adoptée, dans le cas où l'aliénation a été faite par le mari et par la femme conjointement.

Le vendeur étant tenu de garantir à l'acquéreur la libre et paisible possession de l'objet vendu, il paraît étrange que la loi accorde au mari lui-même la faculté de faire révoquer l'aliénation qu'il a faite du fonds dotal. Cette disposition se justifie pourtant, d'un côté, par la considération de l'intérêt de la femme et des enfans, de l'autre, par le peu de faveur que mérite l'acquéreur qui, avant de contracter, aurait dû s'enquérir de l'origine du bien.

Le législateur n'aurait accompli que la moitié de sa tâche si, après avoir déclaré les fonds dotaux inaliénables, il avait omis de les déclarer imprescriptibles. Mais c'est bien ce qu'il a eu garde d'oublier. L'article 1561 dit en effet : « Les immeubles dotaux non déclarés aliénables par le contrat de mariage sont imprescriptibles pendant le mariage, à moins que la prescription n'ait commencé auparavant. — Ils deviennent néanmoins prescriptibles après la séparation de biens, quelle que soit l'époque à laquelle la prescription a commencé. » L'attention que prend le législateur, toutes les fois qu'il est question d'inaliénabilité, de ne s'exprimer que sur les immeubles, nous confirme de plus en plus dans l'opinion émise plus haut, que la dot mob.-

lière est aliénable. Nous croyons donc, conformément à cette opinion, et en nous fondant toujours sur le texte de la loi, que cette même dot est également prescriptible.

Si le mari n'a pas un véritable droit d'usufruit sur les biens dotaux, il est néanmoins tenu, à l'égard de ces biens, des obligations de l'usufruitier. Il est toutefois dispensé de l'une des plus importantes, par l'article 1550, qui porte que le mari n'est pas tenu de fournir caution pour la réception de la dot, s'il n'y a point été assujetti par le contrat de mariage. Il est, au surplus, responsable de toutes prescriptions acquises et détériorations survenues par sa négligence.

Il est accordé à la femme une ressource lorsque sa dot est mise en péril ; c'est celle de poursuivre la séparation de biens, ainsi qu'il est dit aux articles 1443 et suivans (1563). Cette disposition de loi a fait naître une des questions les plus graves et les plus difficiles à résoudre qui se soient élevées sur le Code civil. C'est celle de savoir si, après la séparation de biens prononcée, l'immeuble dotal cesse d'être inaliénable? Cette question est difficile à résoudre, car les partisans de l'affirmative, comme ceux de la négative, trouvent à l'appui de leur opinion des argumens qui paraissent de part et d'autre invincibles. En effet, d'un côté, l'on peut dire : L'immeuble dotal est inaliénable, donc il est imprescriptible. Le législateur a lui-même tiré cette conséquence, ce qui était inutile, car elle allait de droit. Mais lorsque la séparation de biens a été prononcée, la loi déclare l'immeuble dotal prescriptible (1561). Donc il n'est plus inaliénable, car, s'il l'était, il ne pourrait être sujet à la prescription. Quel est, on peut le demander, le sévère logicien qui trouverait dans ce raisonnement la moindre prise à la critique !

D'autre part, l'on oppose l'article 1554 qui dispose, le plus clairement du monde, que *les immeubles constitués en dot ne peuvent être aliénés pendant le mariage.*

Il résulte de ce conflit, que c'est le législateur lui-même qui a manqué de logique. En effet, la disposition qui déclare prescriptibles les immeubles dotaux après la séparation de biens, est diamétralement opposée à celle qui porte qu'ils ne peuvent être aliénés pendant le mariage. Quoiqu'il en soit, on ne peut s'empêcher de reconnaître qu'un principe dominant, sous le régime dotal, c'est celui qui frappe d'inaliénabilité la dot immobilière. Que le législateur, peu conséquent avec lui-même, ait oublié dans l'article 1561 la règle qu'il avait posé dans l'article 1554, peu importe. Ce défaut de logique ne peut tirer à conséquence pour d'autres cas que celui nommément prévu par l'article 1561. Nous pensons donc que, même après la séparation de biens, l'immeuble dotal ne peut être aliéné par les époux, quoique la femme puisse en perdre la propriété par la prescription qu'elle laisserait acquérir contre elle.

CHAPITRE IV.

De la restitution de la dot.

La dot n'ayant été apportée au mari que pour l'aider à soutenir les charges du mariage, se trouverait dans ses mains, sans motif, après sa dissolution. Aussi a-t-il été sagement disposé que l'obligation de restituer la dot était imposée au mari, une fois le mariage dissout. Lorsqu'il n'a été fait entre les époux aucune convention pour régler le mode et l'époque de cette restitution, il faut nécessairement suivre les règles contenues dans les articles 1564 et suivans.

Voici les distinctions établies par ces articles : la dot consiste-t-elle en immeubles ou bien en meubles dont la propriété est toujours restée à la femme ; elle doit être restituée sans délai, si la femme ou ses héritiers l'exigent. La dot consiste-t-elle en une somme d'argent ou en meubles mis à prix par le contrat de mariage, sans déclaration que l'estimation n'en rend pas le mari propriétaire ; la restitution n'en peut-être exigée qu'un an après la dissolution. Les motifs de cette différence sont assez apparens. Une fois le mariage dissout, tout droit du mari sur les biens dotaux s'est évanoui. Il doit donc les rendre. Dans le premier cas, il les rendra sans délai, car ils sont en ses mains lors de la dissolution du mariage. Dans le second cas, ce qu'il doit rendre consistant en des sommes d'argent, il arrivera presque toujours que le mari ou ses héritiers n'auront pas en caisse l'argent nécessaire pour la restitution. Il était donc équitable de leur accorder un délai, qui a été sagement fixé à un an. Mais pendant ce délai l'intérêt légal de la dot court au profit de la femme ou de ses héritiers.

Si les meubles constitués en dot, dont la propriété est restée à la femme, ont dépéri par l'usage et sans la faute du mari, il ne sera tenu de rendre que ceux qui resteront, et dans l'état, où ils se trouveront à la dissolution du mariage (1566). Cette disposition est une conséquence du principe *res perit domino*. Au surplus, la femme pourra, dans tous les cas, retirer les linges et hardes à son usage, sauf à précompter leur valeur, lorsque ces linges et hardes auront été primitivement constitués avec estimation.

Il existe une différence sensible entre une dot consistant en une somme effective, et une dot consistant en créances, actions, droits incorporels sur un tiers. Dans le premier cas, l'effet de la numération est de rendre à l'instant même le mari propriétaire de la dot comptée ; elle est dès-lors à ses risques. Dans le second cas, le mari devient aussi propriétaire des droits et actions qui lui sont apportés, mais comme ces droits et actions peuvent rester sans valeur par l'insolvabilité de ceux sur lesquels le recouvrement devait être opéré, il eût été injuste d'obliger dans tous les cas le mari à en rendre compte. Aussi l'art. 1567 porte-t-il : « Si la dot comprend des obligations ou constitutions de rente qui ont péri ou souffert des retranchemens qu'on ne puisse imputer à la négligence du mari, il n'en sera point tenu et il en sera quitte en restituant les contrats. » Il suffit donc qu'aucune négligence ne soit imputable au mari, pour qu'il puisse invoquer le bénéfice de cet article.

La dot consiste-t-elle en un usufruit, le mari ou ses héritiers ne sont obligés, à la dissolution du mariage, que de restituer le droit d'usufruit, et non les fruits échus pendant le mariage (1568). De même, si la femme avait apporté en dot une rente viagère, et que la dissolution du mariage fût arrivée par la mort du mari, ses héritiers ne devraient restituer que le titre de la rente et non les arrérages perçus.

Le mari, avons-nous dit plus haut, est tenu de restituer la dot
qu'il a reçue. Mais, en principe, c'est à ceux qui agissent pour cet
objet à prouver que la dot a été réellement payée au mari. Cette
preuve sera fournie suivant les principes généraux en matière de
preuve. Les articles 1502 et 1504 seront également applicables ici.
Aux termes de l'un, l'apport de la femme est suffisamment justifié
par la quittance que le mari lui donne, ou à ceux qui l'ont dotée ; et
suivant l'autre, il est permis à la femme de prouver par témoins la
valeur du mobilier qui lui est échu pendant le mariage, quand le
mari ne l'a point fait constater par un inventaire. Outre les moyens
ordinaires auxquels on peut avoir recours pour prouver que le mari
a reçu la dot, il a été établi par les auteurs du Code une présomption
de paiement très favorable à la femme. « Si le mariage a duré dix
ans, dit l'art. 1569, depuis l'échéance des termes pris pour le paiement de la dot, la femme ou ses héritiers pourront la répéter contre
le mari après la dissolution du mariage, sans être tenus de prouver
qu'il l'a reçue, à moins qu'il ne justifiât de diligences inutilement
faites pour s'en procurer le paiement ». La novelle C de Justinien
porte : *si annis duobus solummodo habeat aliquis uxorem, et non acci-
piat dotem : nihil ex taciturnitate vir lœdatur, neque hœredes viri
licet tacuerit ille, sed intra annum alium querela moveatur…. Si vero
majus biennio tempus, minus autem decennio, matrimonium protendatur;
damus marito queri et dicere non illatam sibi dotem : et si hoc fecerit
transmittere querelam, semel marito querente, et muliere quia dedit non
probante. Si autem neque intra decennium queratur, taciturnitate mariti
auferimus querelam….* Cette disposition du droit romain enlevait
donc, comme on le voit, au mari, le droit de prétendre que la dot
ne lui avait pas été comptée, s'il avait eu l'imprudence de laisser
passer dix ans, depuis le mariage, sans se plaindre. Car, ajoute la
novelle, si, pouvant agir pendant dix ans à l'effet d'opérer le recouvrement de la dot, il est resté tout ce temps dans l'inaction, c'est
qu'il a voulu évidemment s'assujettir lui et ses héritiers à rendre la
dot, alors même qu'il n'est pas prouvé qu'il l'ait reçue, ou mieux,
alors même qu'il ne l'a pas reçue, *vel si non accepit dotem.*

Du rapprochement que nous venons de faire, de la disposition du droit français, avec celle contenue dans la novelle C, il résulte évidemment que les auteurs du Code ont puisé à la source du droit romain, l'idée de la présomption établie par l'art. 1569. Notre loi est même moins rigoureuse que la loi romaine ; car, si l'inaction du mari pendant dix ans fait présumer en France qu'il a été payé, cette inaction faisait présumer, chez les Romains, qu'il avait été dans la volonté du mari de s'assujettir à rendre *vel si non accepit dotem*. Au reste, le mari se met à l'abri de la présomption établie par notre article, en justifiant qu'il a vainement fait des diligences pour se procurer le paiement de la dot.

La dissolution du mariage peut arriver par la mort du mari, ou par la mort de la femme. Dans le premier cas, la femme peut, à son choix, exiger les intérêts de la dot pendant l'an du deuil, ou se faire fournir des alimens pendant le même temps, par la succession du mari. De plus, l'habitation durant cette année et les habits de deuil, doivent lui être fournis sur la succession, et sans imputation sur les intérêts à elle dus. Dans le second cas, l'intérêt et les fruits de la dot à restituer courent de plein droit, au profit des héritiers de la femme, depuis le jour de la dissolution du mariage (1570). L'art. 1571 ajoute qu'à cette dissolution, les fruits des immeubles dotaux se partagent entre le mari et la femme ou leurs héritiers, à proportion du temps que le mariage a duré pendant la dernière année. — L'année commence à partir du jour où il a été célébré.

Avant de terminer l'exposé des principes sur la restitution de la dot, il nous reste à examiner deux points assez importans sur lesquels le Code est resté muet. Le premier consiste à savoir quels sont les droits du mari, relativement aux impenses qu'il peut avoir faites sur les fonds dotaux et aux frais qu'il peut avoir exposés à leur occasion. Le second a trait aux dettes que le mari aurait payées au nom de sa femme.

Et d'abord, quant au premier point, il convient d'adopter dans notre droit les divisions que faisait la loi romaine. Cette loi reconnaissait trois sortes d'impenses, savoir : les impenses nécessaires, les impenses utiles et les impenses voluptuaires.

Les impenses nécessaires sont celles qu'a exigées la conservation de la chose. *Impensæ necessariæ sunt quæ si factæ non sint, res aut peritura aut deterior futura sit.* Telles sont les grosses réparations dont parle l'article 606. Le mari est tenu, conformément à la disposition qui l'assujettit à toutes les obligations de l'usufruitier, de faire dresser un état des immeubles de la femme dont il entre en jouissance. Nul doute qu'il n'ait la répétition de toutes les dépenses qu'il aurait faites, pour effectuer les grosses réparations, les travaux de toute sorte dont la nécessité aurait été constatée dans cet état. Bien plus, dans le droit romain, le mari avait le droit de se faire rembourser les dépenses qu'il avait faites pour reconstruire ce qui était tombé de vétusté, ou ce qui avait été détruit par cas fortuit. Nonobstant la disposition de l'article 607, nous pensons que le mari doit jouir du même droit en droit français.

Les impenses utiles sont celles qui augmentent la valeur de la chose, son produit, mais qui ne sont pas nécessaires pour sa conservation. Le principe, relativement à ces impenses, est que le mari n'en peut exiger le remboursement, que jusqu'à concurrence de l'augmentation de valeur du fonds.

Les impenses voluptuaires sont définies ainsi par la loi romaine : *voluptuariæ sunt quæ speciem duntaxat ornant, non etiam fructum augent.* Ces impenses n'étant d'aucune utilité pour la femme, le mari ne peut les répéter. Nous lui reconnaissons seulement le droit d'enlever les glaces, tableaux et autres ornemens qu'il aurait fait placer, mais à la charge de rétablir les lieux dans leur premier état. Au reste, il est un cas où les impenses voluptuaires pourront être rangées dans la classe des impenses utiles. C'est celui où l'immeuble dotal est vendu, et où il est constaté que les impenses ont amené une augmentation du prix de l'immeuble.

Enfin, quant aux frais résultant des procès soutenus par le mari, et des actions qu'il aurait intentées, à l'occasion des fonds dotaux, voici le principe qui nous semble devoir être adopté. Si ces procès, ces actions, ont eu directement pour objet l'avantage du propriétaire, qui est ici la femme ; si de plus ils ont été engagés à propos, le mari

5

doit avoir la répétition des frais qu'il a exposés. Tel serait le cas où il aurait révendiqué un immeuble qui aurait été usurpé sur la femme avant le mariage. Il suffit donc, pour adopter sur ce point une décision favorable au mari, qu'il ne puisse lui être imputé aucune imprudence, et que la propriété ait été directement l'objet de ses poursuites.

Sur le point relatif aux dettes de la femme payées par le mari, voici quelques considérations que nous nous bornerons à présenter.

Parmi les dettes de la femme antérieures au mariage, les unes sont établies par titres qui avaient acquis date certaine, et les autres par titres n'ayant pas date certaine. A l'égard des premières, le mari pourra les imputer sur la dot, ou bien il lui en sera tenu compte lors de la restitution. A l'égard des secondes, quoiqu'on eût pu se dispenser de les payer pendant le mariage, le mari, qui en les acquittant, a reconnu leur légitimité, sera subrogé aux droits des créanciers, et exercera ces droits à la dissolution du mariage.

Quant aux dettes valablement contractées par la femme durant le mariage, ses créanciers peuvent s'en faire rembourser sur ses biens extradotaux. Ils peuvent même, à la dissolution du mariage, poursuivre la femme sur les immeubles qui composaient sa dot et qui, depuis cette dissolution, ont cessé d'être inaliénables. Nul doute sur ce point à nos yeux. Mais s'il en est ainsi, le mari qui aura acquitté ces dettes **pendant le mariage**, pourra se faire désintéresser de même en exerçant les **droits des créanciers.**

La disposition de l'article 1572, qui porte que la femme n'a point de privilége, pour la répétition de la dot, sur les créanciers antérieurs à elle en hypothèque, est fondée sur un principe de justice et de raison qui avait été méconnu en droit romain.

CHAPITRE V.

Des biens paraphernaux.

Le mari est le chef de l'association conjugale. A ce titre, c'est lui qui doit pourvoir à ses besoins et faire face à ses dépenses. Aussi la loi lui donne-t-elle tous les fruits, revenus et intérêts des biens dotaux de la femme, qu'il perçoit seul et dont il ne doit aucun compte.

Avant le Code civil, lorsque la femme ne s'était constitué aucune dot, plusieurs docteurs décidaient que ses biens devaient être regardés comme dotaux plutôt que comme paraphernaux. Ils avaient été amenés à décider ainsi par cette considération, qu'il était contraire aux règles de la justice de faire supporter au mari seul les charges du mariage, lorsque la femme avait elle-même des biens quelquefois plus considérables que ceux de son mari. Et cela s'explique, car il n'existait alors aucune disposition qui fît contribuer la femme aux charges du mariage, quand tous ses biens étaient paraphernaux. Aujourd'hui, il n'en est plus de même. Souvent tous les biens de la femme sont paraphernaux, ce qui a lieu lorsqu'elle ne s'est constitué, ou lorsqu'il ne lui a été constitué aucune dot; et dans ce cas, elle contribue aux charges du mariage jusqu'à concurrence du tiers de ses revenus, à moins que la portion de ces charges, qu'elle doit supporter, n'ait été réglée dans le contrat.

Au reste, les biens paraphernaux sont à la disposition exclusive de la femme. C'est elle qui en a l'administration et la jouissance; et si elle est obligée, pour les aliéner, ou pour paraître en jugement à leur occasion, de se faire autoriser par son mari, ou, à son refus, par la justice, c'est par respect pour le principe de la puissance maritale établi dans l'article 217. Si le mari a joui des biens paraphernaux de sa femme sans mandat, et néanmoins sans opposition de sa part, il n'est tenu à la dissolution du mariage ou à la première demande de la femme, qu'à la représentation des fruits existants, et il n'est point comptable de ceux qu'il a consommés jusqu'alors. Au surplus, la femme peut donner à son mari le mandat exprès d'administrer ses biens paraphernaux; et si elle l'a fait, en le chargeant de plus de lui rendre compte des fruits, il sera tenu vis-à-vis d'elle comme tout mandataire (1577). Elle peut de même, par son opposition, révoquer le mandat exprès ou tacite en vertu duquel son mari administrait ses biens paraphernaux. Et si, malgré cette opposition constatée, il continuait son administration et sa jouissance sur ces biens, il devrait compte à sa femme de tous les fruits, tant existants que consommés.

Enfin, le mari qui jouit des biens paraphernaux, est tenu de toutes les obligations de l'usufruitier (1580).

Il existe dans nos lois bien d'autres dispositions qui se rattachent, d'une manière plus ou moins directe, au sujet qui vient d'être sommairement traité. Telles sont, dans le Code civil, celles relatives à l'hypothèque légale de la femme sur les biens de son mari ; dans le Code de Procédure civile, celles qui ont trait aux formes à observer pour l'aliénation de l'immeuble dotal, dans les cas prévus par l'article 1358. Telles sont encore, dans le Code de Commerce, les dispositions particulières des articles 69 et 70, et celles des articles 577 et suivans qui règlent les droits des femmes dont les maris ont fait faillite. Nous nous bornons à les indiquer. La nature de notre travail ne nous permet pas, en effet, d'entrer dans le détail de ces matières.

Vu par le Président de la thèse,

LAURENS.

Toulouse, imprimerie de J.-M. PINEL, rue du Poids-de-l'Huile, 2.

www.ingramcontent.com/pod-product-compliance
Lightning Source LLC
Chambersburg PA
CBHW060755280326
41934CB00010B/2498